Vom Weiher, Geier, Hecht und Specht!

Dieses Buch ist gewidmet:

meinen Kater Zorro und Cassy (die Boxer/Bulldoggen-hündin meiner Mutter)

Jörg Maaß

Jörg Maaß

Vom Weiher, Reiher, Geier, Hecht und Specht!

Gedichte von Jörg Maaß!

Bibliografische Information der Deutschen Nationalbibliothek:
Die Deutsche Nationalbibliothek verzeichnet diese Publikation in der Deut-
schen Nationalbibliografie; detaillierte bibliografische Daten sind im Internet
über http://dnb.dnb.de abrufbar.

Illustration: **Hellen Thielemann**

Herstellung und Verlag: BoD – Books on Demand, Norderstedt

ISBN 978-3-8370-5814-7

Vorwort

So ist mein zweites Buch nun doch nicht die Fortsetzung des ersten Buches (Entkotisierungsvorgang -66 schräge Shortstorys aus Neumünster)geworden, sondern ich habe mich entschlossen zunächst ein kleines Buch mit Gedichten herauszubringen!

Die Idee dieses kleine Gedichtband zu schreiben, entstand bei den Spaziergängen mit Cassy (der Boxer/Bulldoggenhündin meiner Mutter). Es fing mit **den Weiher** an, ein Gedicht, welches etwas im Stile von Heinz Erhard geschrieben ist (mit eigener Note, oder wie ein Bekannter, dem ich das Werk vortrug meinte: ***Heinz Erhard entartet!***). Weitere Werke die durch die Spaziergänge entstanden sind, waren: „Der Waran,der Fasan und die Fee", sowie Hundegedanken!

Während die Tiergedichte überwiegend lustig sind, sind andere Gedichte ernster (Hermann,Einsamkeit) einige sind auch leicht philosophisch angehaucht!

Der Rest des Buches besteht aus Songtexten, einer von ihnen („Noch ein Songtext") stammt aus meinen ersten Buch „Entkotisierungsvorgang!" Das ganze ist sicherlich kein lyrisches Meisterwerk geworden, eben sowenig wie ich mit meinen Büchern mit den Kurzgeschichten einen Literaturnobelpreis gewinnen werde, das ist aber auch nicht das primäre Ziel!

Ich möchte in erster Linie unterhalten, und zwar diejenigen welche sich von der „Norm" unterscheiden! Zudem bringt mir das Schreiben enorm viel Spaß und lenkt mich von meinen Problemen ab!

So genug des Vorgeplänkels und viel Spaß mit :
Vom Weiher, Reiher, Geier, Hecht und Specht!

Jörg Maaß

Letztens lief im Fernsehen ein Bericht über den großartigen, leider schon verstorbenen Heinz Erhard!
Dieses ist einer der beiden Gründe, warum ich dieses Gedicht verfasste. Der zweite ist, das ich beim Spazierengehen mit Cassy (die Boxer/Bulldoggenhündin meiner Mutter) des öfteren in einem kleinen See einen Reiher sehe!

Der Weiher

Ein Hecht lebte in einem Weiher,
über diesen kreiste ein Reiher.

Das war Herrn Specht nicht recht,
darum rief er seinen Freund, den Geier.
Der kam und sagte zu den Reiher:
Verpiss dich hier !
Sonst kralle ich mir deine Eier!

Der Reiher flog davon und dachte nur:
Oh Weia !

Im Weiher aber dachte sich der Hecht:
Nicht schlecht, Herr Specht!

*Zu diesem See, der vom Bäumen um wachsen ist und so sehr
idyllisch wirkt ist mir noch ein zweites Gedicht eingefallen:*

Hundegedanken:

Heute geht der Jörg mit mir wieder zu dem See,
dabei bin ich leider wieder an der Leine, ooch nee!
Ich muss mit ihm zusammen dort Enten, Reiher, Blesshüh-
ner und Gänse anglotzen.
Das finde ich zum kotzen!

Ich würde die Enten lieber jagen
und hätte sie gerne in meinen Magen.

Und Ei der daus, so ein Blesshuhn und eine Gans wäre auch
ein Gaumenschmaus!
Nur Jörgs Freund, der Reiher, den hol der Geier!

Dieses Gedicht ist gleichzeitig auch eine kleine Fabel!
Viel Spaß mit dem:

Adler und Kormoran

Ein Adler und ein Kormoran, die stritten drum,
wer denn wohl den größten Fisch fangen kann.

Sie flogen beide davon und der Adler kam zurück mit einem
kleinen Barsch,
der Kormoran aber mit einem großen Hecht.
Er sagte: Na, du Arsch!?
Da staunst du wohl nicht schlecht?

Okay, du hast gewonnen, sagte der Adler,
griff sich den Hecht und verschwand in den Himmel!
Der Kormoran sah auf den Barsch: An diesem war schon
Schimmel!

Und die Moral von den Gedicht:
**Wie gewonnen so zerronnen und einen Adler traut man
nicht!**

Dieses Tiergedicht ist im Grunde genommen auch eine Fabel! Viel Spaß mit:

Der Fuchs und der Pfau

Es war einmal ein schöner Pfau,
der stellte sich gern zur Schau.

Denn Eitelkeit war seine Schwäche
und letztlich zahlte er dafür die Zeche.

Ein Fuchs wollte sich ihn schnappen.
Doch er ging ihn immer durch die Lappen.

Der Pfau prahlte: Ich bin nicht nur schön, sondern auch schnell.
Mich kriegst du nie, du altes „Zottelfell"!

Doch dessen Energie war noch lange nicht alle
und so ersann er eine schlaue Falle.

Er sagte zum Pfau:
Ich weiß jetzt ganz genau.
Ich kann dich zwar nicht fangen,
doch ich wette es gelingt dir nicht auf die Spitze dieses Mastes zu gelangen!

Der Pfau sprach:
Das ich nicht lache.
Das ist für mich keine allzu große Sache.

Und er kam zur Spitze des Strommastes geflogen.
Der Fuchs jedoch, das ist nicht gelogen,
hatte zwei lange Äste mit einem Seil nach hinten gebogen.

Er schnitt sie los
und sie trafen den Pfau in dessen Schoss.
Dadurch war der Pfau an die Starkstromleitung geraten
und der Fuchs hatte einen fertigen Braten.

Und die Moral von der Geschichte:
Hochmut kommt vor dem Fall

und:

So ein gebratener Pfau ist ein schönes Gericht!

Der Tausendfüßler

Ein Tausendfüßler war ein armer Wicht.
Er hatte eine Frau, die war nicht ganz dicht.

Sie war ein alter Drachen
und er hatte nichts zu lachen.

Eines Tages musste er für sie kochen
und blamierte sich bis auf die Knochen.

Sie schmiss ihn den Kochtopf auf die Zehen
und schrie: Du kannst für immer gehen!

Er sagte: Das kann ich nicht.
Du hast mir 153 Füße und 344 Zehen gebrochen.
Und jetzt musst du wieder für uns kochen!

Grüne Katzenaugen

Zwei grüne Augen leuchten in einem dunklen Raum.
Sie sind so wunderschön anzuschauen!

Plötzlich sind sie neben mir und ich spüre den Atem von
Kater Zorro, meinen Haustier.

Er reibt seine Wangen an meinen Kopf
und seine Krallen spielen mit meinen Zopf.

Ich richte mich auf und streichle
Rücken, Kopf und seine Ohren
und er fängt ganz tief an zu schnurren.

Ein Grinsen zieht sich über sein Gesicht.
Ja, ich liebe dieses kleine „Viech"!

Katzengedanken

Ich schleiche mich in die Küche,
denn von dort kommen leckere Gerüche.

Ich springe auf die Küchentische.
Dort liegen auf einen Teller schöne Fische.

Da hör ich ein lautes Geschrei.
Es ist dieser Mensch, oh Weih.

Ich flitze schnell unter sein Bett,
denn er ist jetzt nicht nett.

Also bleibe ich erst mal hier und las ihn pöbeln.
Auf einmal muss ich ganz schön göbeln.

Ich hab den Fisch zu schnell gefressen.
Wäre es jetzt wohl sehr vermessen
den Menschen um Futter zu fragen,
oder geht es mir dann an den Kragen?

Er flucht und wischt meine Kotze weg.
Ich warte solange und rühre mich nicht vom Fleck.

Eine halbe Stunde später komme ich aus meinen Verstecke,
springe auf seinen Schoss und lecke
seinen Arm und sein Gesicht.
Ich glaube dieser Mensch ist nicht ganz dicht.
Gibt er mir tatsächlich doch wieder Futter.
Na, dann ist ja alles wieder in Butter.

Doch ich werde nicht vergessen
beim nächsten Diebstahl nicht so schnell zu fressen.

Die Maus

Es schlich sich eine kleine Maus
durch ein Loch in ein Haus.
In der Küche war ein Kuchen,
der roch lecker, den wollte sie versuchen.

Am nächsten Tag schimpfte die Mutter mit ihren Gören.
Die heulten: „Wir waren das nicht, wir schwören!"

Doch die Mutter glaubte ihren Kindern nicht.
Und sie war sehr erpicht
zu erfahren wer der Täter war,
denn das war ihr nicht klar.

Also legte sich in der nächsten Nacht auf die Lauer.
Und als es dunkel war kam das Mäuschen wieder durch die Mauer.

Die Mutter hörte Geräusche aus der Küche
und dachte: Jetzt komme ich euch auf die Schliche!

Sie machte das Licht an und sprang in die Küche mit einen Satze.
Auf den Tisch saß die Maus und schmatzte.
Sie schrie laut : „IHHH, eine Maus!" und weckte damit das ganze Haus.

Die Maus entkam durch das Mauerloch,
aber einige Tage später erwischte es sie doch.
Denn wie damals mit den Kuchen,
wollte sie auch den Speck versuchen.
Doch dieser befand sich in einer Mausefalle hinter der Anrichte.
Und das ist dann das Ende der Geschichte!

Blutsauger

Es ist eine laue Sommernacht.
Ich liege im Bett und werde wach.
Ein Surren dringt an meine Ohren
und mein Kater ist am murren.

Etwas sticht in meine Haut.
Ich mache Licht und dann aufgeschaut.
Fliegende Blutsauger an den Decken.
Einige fliegen davon um sich zu verstecken.

Drei oder vier schlage ich tot
und sehe auf die Wand: Ein kleiner Fleck -leicht rot.
Erwische noch zwei, das tut gut.
Die trinken nie wieder unser Blut.

Ich lege mich hin und denke jetzt ist Ruhe,
doch weit gefehlt, nach einer halben Stunde höre ich schon
wieder Gesurre.
Also nochmal das gleiche Spiel.
Diesmal erwische ich nur drei, das ist nicht viel.

Schlafe dann doch noch ein für den Rest der Nacht.
Doch als ich dann am nächsten Morgen aufgewacht,
sieht meine recht Hand aus wie eine Pranke
und das linke Auge ist zugeschwollen.

Na Danke!

Nahe meiner Wohnung ist ein relativ großer See,Teile von diesen sind Naturschutzgebiet! Man kann dort viele seltene Tier und Pflanzenarten sehen! Ich gehe dort oft spazieren, (zu mindestens im Sommer) um mich von den alltäglichen Problemen abzulenken! Von diesen See handelt das Gedicht!

Am See

Die Sonne strahlt auf den glitzernden See.
Ich sehe hin und meine Seele tut nicht mehr weh.

Den See hab ich ins Herz geschlossen.
Ich hab die Spaziergänge dort immer sehr genossen!

Dort fühlen sich viele Tiere geborgen,
denn sie haben nicht des Menschen`s Sorgen

Eine Schlange die eine Kröte jagt.
Wo sieht man dies noch am helllichten Tag?

Auch Bussarde und ein Adler ziehen dort manchmal ihre Kreise.
An einigen Stellen ist es sehr leise.

Dort kannst du entspannt auf einer Bank sitzen
und siehst im Dickicht die Rehe davon flitzen.

Eichhörnchen klettern dort auf Bäume.
Ich starre auf den See und träume.

Manchmal springen aus den Wasser Hechte
und aus dem nahen Wald hörst du das Geklopfe der Spechte.

Auf der nahen Wiese Schmetterlinge herumflattern,
am Uferrand schlängeln sich die Ringelnattern.

Auch die Pflanzenwelt ist schön,
im Wasser kannst du Seerosen blühen sehen!

Sumpfblutauge und Wasserminze wachsen hier.
Es ist Harmonie zwischen Pflanze und Tier.

Ach wie werde ich diesen See vermissen,
sollte ich mich hier mal verpissen!

Der Waran, der Fasan
und die Fee

Es war einmal ein Waran,
der verschlang einen Fasan.
Doch dieser blieb ihn im Halse stecken
und der Waran war am verrecken.

Da kam eine schöne Fee und sagte zum Waran:
Ich werde dich retten, wenn ich kann!
Doch musst du mir vorher versprechen
50 Euro an den Tierschutzverein zu blechen!

Aber warum und ich hab auch gar kein Geld,
denn hier auf den Galapagosinseln dieses gar nichts zählt!
Doch die Fee blieb stur und der Waran war am motzen
und plötzlich musste er fürchterlich kotzen.

Der Fasan flog aus seinen Rachen und sagte zur Fee :
Vielen Dank!
Gern geschehen!
Ich hoffe der Waran geht nachher zur Bank.

Doch dieser dachte gar nicht dran und verschlang die Fee.
Das tat den Fasan in der Seele weh.

Von Kummer geplagt verließ er diesen Ort und beging am
nächsten Tag Selbstmord.

Die Mücke und der Elefant

Eine Mücke und ein Elefant waren außer Rand und Band.
Sie kamen in einem Wald und schrien :
Wir machen euch hier alle kalt!

Der Elefant schrie mit Schaum vorm Mund:
Jetzt geht es hier aber richtig rund!

Meine Freundin hier, die Raquel,
trägt den Tod in ihren Stachel!

Das hörten Norbert Nashorn und sein Sekretär.
Dieser sprach: Zum Glück ist unser Serum noch nicht leer!

Löwen, Nashörner und Gerald Gnu
trieben den Elefanten auf eine Grube zu.

Er fiel hinein und bekam eine Serumsspritze.
Zur Mücke sagten sie: "Du machst hier nie wieder Witze !"
Und gaben ihr mit Insektenspray die „Todesspritze"!

Was an einer Hecke passierte

Auf einer Hecke
saßen an der Ecke
zwei kleine Zecken,
die waren am verrecken

Sie brauchten dringend Blut,
das war für sie das höchste Gut.
Da kamen plötzlich zwei Ratten,
die waren sich am begatten.

Die Zecken waren am frohlocken
unter ihnen waren die Ratten am bocken.
Plötzlich sah man zwei große Schatten
und zwei Bussarde griffen sich die Ratten.

Das war für die beiden Ratten
das letzte Begatten.
Die beiden Zecken aber schrien:
„Eh, tut dat Not?!"
und waren nach einer Stunde tot.!

Kater

Wieder mal eine Nacht **vorbei.**
Ich steh auf in meinen Hirn nur **Brei**
Stechender Schmerz in meinen **Kopf.**
Im Bauch grummelt es, ich glaub ich muss am **Tropf.**

Kanne Kaffee **aufgesetzt**
und dann mal einen kurzen Blick ins **Netz.**
Doch ich kann mich eh nicht **konzentrieren.**
gestern war ich total duhn und krabbelte auf allen **Vieren!**

Erst mal einen Kaffee schlürfen und dann ab unter die **Brause.**
Zum Glück kam ich gestern noch nach **Hause.**
Ich werde heute nichts mehr unternehmen
denn ich brauch dringend eine **Pause!**

Aus meiner Nase läuft der **Rotz**
und ich glaube, das ich gleich **kotz.**
Ich hoffe das ich mich wieder **erhol.**
Im Radio läuft Illegal 2001 : Nie wieder **Alkohol!**

Der Filmriss!

Ich wache morgens auf und sitze auf Toilette.
Unter mir ist ein Schiss.
Ich weiß nichts mehr,
habe einen totalen Filmriss.
Im Flur liegt Anette.
Auch bei ihr ist das Gedächtnis leer

Was war gestern bloß los?
Mein Portemonnaie ist völlig leer!
Ich hab kein bisschen Moos mehr.

Auch in Anettes Börse ist keine Kohle.
Auf den Tisch schwimmen Kippen in der Altbierbowle.
Die leeren Flaschen sind nicht zu zählen.
Ich muss mich zum Aufräumen quälen.

Ein Blumentopf ist voller Wein.
Wer war bloß dieses Schwein?
Mein Sofa hat jemand aufgeschlitzt
Das Draht kommt raus, das ist kein Witz!
In meinen Bett kleben Reste von Blut und Butterbroten.
Ich hoffe es gab gestern keine Toten.

Will eine ruhige Scheibe auflegen,
doch meine Anlage ist weg.
Ich verspüre Zorn in mir beben.

Komm Anette, wir trinken aus die Reste
und danach ich schwör`s : Nie wieder Feste!

Die Reise

Heute gehen wir auf eine Reise
und zwar auf eine ganz besondere Weise.
Wir begeben uns zu einem anderen Ort.
Unserer Geist ist dann ganz weit fort.

Nach einer Stunde sind wir da.
Visuell ist nichts mehr klar.
Der Boden sich in Wellen wölbt.
Alles ist schön bunt: rot, blau, grün, gelb!

Auch die Wände tun sich bewegen.
Es scheint mir, das die Tapeten nicht mehr kleben.
Ich dreh mir eine Zigarette von meinen Turner
und schaue dich an :
Auf deiner Stirn sind zwei Hörner!

In der Wolldecke sehe ich ein grinsendes Gesicht.
Du sagst ich bin nicht mehr ganz dicht.
Erzählst mir etwas von pfeifenden Tönen
und ich muss noch für die Reise löhnen.

Ich sage: „Lass uns das später machen!"
Auf einmal muss ich heftig lachen.
Denn dein Gesicht sieht aus wie Micky Maus.
Plötzlich schreist du: Ich muss hier raus!

Also gehen wir auf die Straße
und treffen dort den Lasse.
Auch er sieht komisch aus,
wie der Weihnachtsmann oder der Nikolaus.

Er fragt uns: „Auf was seid ihr denn drauf?"
Blaue Mikros, die haben wir im Supermarkt gekauft!
Ich zeige ihm einen Kassenbon.
Er schüttelt mit den Kopf und macht sich davon.

Kann ich gar nicht verstehen.
Wir müssen uns zum nächsten Kiosk quälen.
Dort kaufen wir uns ein paar Bier,
um genau zu sein, für jeden vier.

Die Brustwarzen der Verkäuferin reden mit mir.
Ich schreie: „Lass uns hier schnell weg, bevor ich den Ver-
stand verliere!"
Doch du bist auf einmal fort
und auch ich verlasse diesen Ort.

Ich muss unbedingt runterkommen,
bin zuhause angelangt und habe die Treppen erklommen.
Der Schlüssel ist wie eine Schlange
und mir wird plötzlich etwas bange,
das ich es nicht schaffe die Tür aufzuschließen.
Es gelingt mir dann doch und ich muss erst mal mein Klo
begießen.

Der Strahl sieht aus wie ein Regenbogen.
Das Klo bewegt sich in Wogen.
Danach schlürfe ich einen Tee.
Der Zucker glitzert wie Schnee.

Stunden später werde ich endlich müde
Nebenan bellt der Nachbarsrüde.
Doch irgendwann ist er auch wieder leise.
Meine Augen fallen zu, das ist das Ende dieser Reise!

Dieses Gedicht ist all denen gewidmet, die es nicht geschafft haben!

Hermann

Hermann ist kein Junge und auch nicht nur ein Wort.
Viele die ihn trafen sind jetzt für immer fort.

Einige die ich kannte waren in seinen Banne.
Sich von ihn zu lösen ist schwer, denn von alleine zieht er
nicht von danne!

Hat er sich erst mal in deinen Hirn ein gefressen
ist Hermann notwendiger als essen.

Und ständig brauchst du für ihn Geld.
Er ist wichtiger als alles andere auf der Welt.

Denn Affen gibt es nicht nur im Zoo.
Einige von Hermanns Jünger fand man tot auf den Klo.

Ich habe ihn zwar gesehen, doch zum Glück nie getroffen.
Ich hatte vor ihm Angst und war lieber bekifft oder besoffen.

Spießer

Du triffst sie überall :
Im Mietshaus ,vielleicht sogar im All!
Sie meinen ihnen gehört die Welt
und das wichtigste sei Geld.

Doch sie sind nur kleine Erbsenzähler
und manchmal auch Menschenquäler.
Beim Fußball schwärmen sie von Robben
und sie lieben es ihre Nachbarn zu mobben.

Die Gesetze sind nur für sie gemacht
Ist jemand anders wird er ausgelacht.
Sie denken im Notfall nur an sich
und scheißen auf Menschen wie dich oder mich.

Sie wissen nichts vom Leben,
aber tun dir viel erzählen.
Sie sagen dir was man tun und lassen soll.
Ich habe von ihnen die Schnauze voll!

Spießer hat es immer schon gegeben,
doch ohne sie hätten wir ein besseres Leben!

Wer ist wohl gemeint?

Sie sind ziemlich unflexibel.
Bei ihnen wurde mir schon öfter übel.
Sie kennen nur ihre Vorschriften und Normen.
Man kann sie nicht umformen.

Sie sind völlig weisungsgebunden
und hinterlassen manchmal psychische Wunden.
Auf Ausnahmen bin ich zwar auch getroffen,
doch die meisten waren nicht für meine Argumente offen!

Wen ich meine?
Dreimal dürft ihr raten!
Es sind <u>nicht</u> die Aristokraten!

Idealisten

Idealisten, wo sind sie geblieben?
Es gab sie früher überall, egal wo wir uns herumtrieben!
Heute schwimmen alle mit der Masse.
Keine Ziele und keine Klasse.
Sie lassen sich vom System lenken
anstatt eigenständig zu denken.

Spießertum und Intoleranz
bitten hier zum Tanz.
Oder Partytum und feiern
und zugedröhnt "rumeiern"!
Nein, das ist nicht mehr meine Welt,
es ist nur noch das Geld was zählt.

Die Idealisten sind fast ausgestorben.
Nur wenige sind noch unverdorben.
Diese lassen sich nicht in Schubladen stecken
und werden auch niemals Stiefel lecken.

Ich hoffe es werden mal wieder mehr
denn sonst wird es in Zukunft schwer.

Der Sinn des Lebens

Es ist Sonntag und ich sitze in meiner Wohnung und denke nach über den Sinn des Lebens.
Wie schon oftmals vorher: Vergebens!

Ist der Sinn des Lebens sich zu besaufen
um sich dann mit anderen zu raufen?

Ist der Sinn des Lebens zu buckeln und vor den Chefs zu kriechen um abends dann nach Schweiß und Schleim zu riechen?

Oder ist es eine Frau fürs Leben zu finden und eine Familie zu gründen?

Ist der Sinn des Lebens herumzureisen oder auf den Märkten seine Waren anzupreisen?

Ist der Sinn des Lebens Kohle zu raffen und geile Miezen anzugaffen?

Oder ist der Sinn des Lebens etwas zu sammeln und zu hause herumzugammeln?

Ich denke der Sinn des Lebens ist zu **LEBEN**
Und darauf werde ich (lasst uns) einen heben!

Die Pforte zum Wahnsinn

Es führt ein schmaler Grat zwischen zwei gewissen Orten.
Du kannst sie nicht sehen, doch du kommt hinein durch zwei
Pforten.

Der eine Ort ist dünn besiedelt,
große Geister man dort findet.

Einstein hat dort auch gewohnt.
Einige aber wurden vom Schicksal nicht geschont
und haben den Ort dann gewechselt,
denn ihr Gehirn wurde „gedrechselt".

Sie kamen auf die andere Seite von dem Grate,
bei vielen war es wirklich schade.

Und so gingen sie zur der Pforte,
dort ist kein Wächter, es begleitet sie auch keine Eskorte !
Auch einige dumme Menschen gehen hier herein
und die Pforte schließt sich von ganz allein!
Was sie erwartet ist ein Graus.
Die Pforte ist zu und sie kommen nicht mehr raus.

Hinter dieser Pforte ist ein ganz besonderer Ort:
Er heißt **Wahnsinn** und nur wenige kommen von hier wieder fort!

Melancholie

Melancholie bestimmt mein Leben.
Ich liege in meinen Bett und wünsche unter mir würde eine
Frau beben.

Stattdessen wieder mal eine einsame Nacht
ich habe viel versucht; es hat alles nichts gebracht.

Auch wieder mal kein Geld.
Habe einen „Fuffi" verzockt, ich (Anti)Held.

Die Hoffnung einen Job zu kriegen habe ich schon lange
aufgegeben.
Ich „wurschtel" mich nur noch so durchs Leben.

Ab und zu tu ich mal einen heben,
denn das brauch ich, um es zu ertragen, dieses beschissene
Leben.

Doch dann hab ich mal wieder eine Idee:
Ich beglücke die Menschheit mit Gedichten!

Oh Weh!

Einsamkeit

Die Einsamkeit ist ein schlechter Begleiter!
Mit ihr wirst du selten heiter.
Du denkst daran wie es früher war
und wie du sie los wirst ist dir nicht klar.

In der Nacht kannst du nicht schlafen
und sehnst dich nach einen Heimathafen.
Am Tage siehst du Familien mit Kindern
und beobachtest ihre lachenden Münder.

In deinem Kopf ist ein Gedankenspiel,
aber dann erinnerst du dich an deinen alten Lebensstil.
Du redest dir ein, es hätte sowieso nicht funktioniert.
Doch sicher bist du dir nicht, ach hättest du es doch probiert!

Nun bist du fast 50 und kannst die Zeit nicht zurückdrehen
und musst zu deinen Leben und deinen Fehlern stehen.

Vielleicht hast du ja noch einmal Glück
und die Einsamkeit bleibt alleine zurück.

Schlaflos

Drehe mich auf den Rücken,
so kann ich nicht pennen, das kannst du knicken!
Beim nächsten Versuch lege ich mich auf den Bauch.
Das geht auch nicht, also steh ich auf und rauch(e)!
Leg mich dann auf die linke Seite und bin fast weg,
da spüre ich wie der Kater meine Wangen leckt!

Er sagt damit: Steh auf, ich möchte Futter!
Ich gebe ihm etwas und denke jetzt ist alles in Butter.
Doch weit gefehlt, denn jetzt drückt meine Blase
und zusätzlich läuft der Schnotter aus meiner Nase.

Also auf das Klo zum Wasserlassen,
lege mich wieder hin und kann es nicht fassen.
Der Kater hat auf das Bett gekotzt
und aus meiner Nase läuft schon wieder Rotz!

Also wischen, zuerst die Nase und dann das Bett!
So jetzt noch ein paar Stunden schlafen, das wäre nett.
Doch Gedanken kreisen in meinen Kopf
und der Wasserhahn im Bad tropft!

Also schnappe ich mir ein Buch und lese
und esse dazu eine Stulle mit Käse.
Bin auf einmal nicht mehr müde.
Das Buch ist spannend , nichts für Prüde.

3 Stunden später meldet sich der Radiowecker.
Ich stelle ihn aus und geh zum Bäcker.
Das war nicht gerade eine entspannte Nacht,
doch ich habe noch das beste daraus gemacht!

Die Frau von der anderen Straßenseite

Ich sah sie oft auf der anderen Straßenseite gehen.
Ihr Gang, ihr Haar, sie war wunderschön.

Ich starrte rüber und ein Knistern war in der Luft.
Es war mir als roch ich ihren Körperduft.

Unter ihrer Bluse wippten ihre Brüste.
Das weckte bei mir Gelüste.

Ihre wundervollen grünen Augen waren schön anzuschauen.
Jetzt sehe ich sie nur noch im Traum.

Ach wie oft denk ich noch an ihre braune Haut.
Sie lächelte mich an, doch ich Idiot hab mich nicht getraut.
Ein Satz zu sagen oder auch nur ein Wort,
ich starrte sie nur an und jetzt ist sie fort.

Der Stress eines Tolpatsches

Wieder mal so ein Tag
den ich überhaupt nicht mag
Den Zettel ist voll mit Tagespunkten,
doch ich will ja nicht unken,
es scheint mal wieder nichts zu klappen.
Ich kippe mein Kaffee um -wo ist ein Lappen?

Die Zeit läuft mir davon und ich muss mich sputen,
denn draußen ist mein Kumpel am hupen.
Schnell noch die Jacke übergezogen
und dann flieg ich in hohen Bogen
über ein paar Schuhe.
Irgendein Nachbar schreit etwas von **Ruhe**!

Ich schreie: Halts Maul, du Spinner!
Draußen grinsen zwei kleine Kinder.
Wäre ich bloß im Bett geblieben!
Doch der Hunger hat mich angetrieben.

Wir fahren dann zum Supermarkt
und ich kauf ein: Getränke, Gemüse,käse,Obst,Fleisch und
etwas Quark.
32,47 Euro sagt die Frau an der Kasse
und als ich in meine Hosentasche fasse,
stelle ich fest, ich habe das Portemonnaie vergessen.
Ich sage: „Wäre es wohl sehr vermessen,
wenn ich die Sachen hier deponiere?"
(wobei ich mich sehr geniere)

Die Kassiererin verzieht das Gesicht
und denkt wohl: Der ist nicht ganz dicht!
Sie erlaubt es mir dann aber doch
und schaut auf meine Hose, die hat ein großes Loch.

Mein Kumpel fährt mich wieder nach Hause.
Dort angekommen trinke ich ein Glas Brause.
20 Minuten später finde ich mein Portemonnaie.
Totales Chaos in meiner Bude, oh weh.

Wir fahren dann wieder zurück.
Beim bezahlen habe ich kein Glück,
denn vor mir ist eine ellenlange Schlange.
Ich hab noch so viel zu tun, mir wird bange!

Mein Tagesplan ist kaum noch zu schaffen!
Ich sehe mir die Leute an, fast alles Affen.
Die eine hat ihre Geheimzahl vergessen,
der andere hat zu wenig Geld mit für sein essen.

Was soll´s, ich bin ja auch nicht viel besser,
gestern schnitt ich mir in die Hand mit einem scharfen Mes-
ser!
Diese schmerzt noch immer ,
ich hoffe es wird nicht noch schlimmer!

Endlich bin ich an der Reihe und kann bezahlen.
Draußen liegen die Leute auf den Rasen und aalen
sich in der Sonne,
mein Kumpel und ich essen ein Eis, was für eine Wonne!

Dann fährt er mich noch zur Post,
denn ich muss dort ein paar Sachen abschicken.
Als wir dort ankommen, ist auch dort eine Schlange, das
kannst du knicken!
Also fahren wir zurück zur meiner Wohnung.
Dort angekommen brauch ich erst mal eine Dröhnung
und trinke ein großes Bier.
Kater Zorro miaut, hat schon wieder Hunger, das Tier.

Scheiße, kein Katzenfutter mehr im Haus!
Also muss ich wieder raus!
Laufe nochmal zum nächsten Supermarkt
und kaufe ein paar Dosen.
Draußen bittet mich ein Bettler um Almosen.
Ich hole Kleingeld aus meiner Brieftasche
und gebe ihn etwas Asche!
Dabei fällt ein Zwanziger aus dem Portemonnaie
was ich nicht bemerke, das tut weh!

Wieder daheim stelle ich fest: In der Brieftasche ist zu we-
nig Geld!.
Wo ist der Rest?
Dann fällt mir der Bettler ein, sollte ich dort...?
Ja, das kann sein!

Laufe ganz schnell wieder zurück,
doch finde nicht mein Geld und der Bettler ist fort, er hatte
Glück!

Ich denke mir , das kann doch alles nicht wahr sein und
schütte mir aus Frust einen rein!

Dieses Werk dichtete ich nach einen einstündigen Stromausfall

Stromausfall

In der Glotze läuft Fußball.
Ich schaue es mir an und überlege ob ich mir einen „knall".

Ich höre noch wie der Reporter von vergebenen Torchancen
spricht.
Da flackert plötzlich das Licht.

Die Glotze geht auf einmal aus
und über meine strapazierte Leber läuft eine Laus.

Kein Fernsehen und kein Internet.
Zum Glück liege ich schon im Bett.

Es bleibt nur noch ein Buch beim Kerzenschein
und die Erkenntnis:
Der Mensch ist ohne Strom ein armes Schwein!

Träume

Bunte Schlangen und mein Nachbar geht die Treppe hoch.
In einem anderen Traum hat meine Jeans ein großes Loch.

Ich steh in der Dämmerung auf einen großen weiten Feld.
Ein andermal träumte ich von Geld!

Ein Affenfrau mit Kind kletterte auf Bäumen,
auch das sah ich in meinen Träumen.

Wilde Verfolgungsjagden durch Straßen und Gassen,
doch man konnte mich nie fassen.

Ich träumte von Fäkalien und von der Schule.
Ein andermal von einer großen Kuhle.

Träume werden wir immer haben.
Manchmal zeigen sie uns unsere versteckten Gaben.
Andere warnen uns vor gewissen Dingen,
vor falschen Plänen, die misslingen.

Einige sind Wünsche die niemals in Erfüllung gehen.
Bei anderen weiß man es nicht ; man wird es sehen.

Doch manche werden auch Wirklichkeit.
Es braucht dafür nur etwas Zeit.

Jeder Mensch sollte seine Träume haben,
denn ohne Ziele zu leben ist wie sich einzugraben!

Kampflos

Sie sind keine Kämpfer des Lichts
und auch keine Kämpfer der Dunkelheit.
Sie glauben an nichts
und töten die Zeit.

Sie leben mit der Hand vorm Mund
und betrinken sich, auch ohne Grund.
Mit den Leben haben sie abgeschlossen.
Früher haben sie es mal genossen.

Jetzt sind sie in die Jahre gekommen
und wirken müde, alt und mitgenommen.
Keine Zukunft, keine Träume,
sie sind wie sterbende Bäume.

Der Tod könnte für Sie eine Erlösung sein.
Doch vorher ziehen sie sich noch ein paar Biere rein
und taumeln besoffen durch die Nacht.
Am nächsten Tag sind sie verkatert erwacht

Nein, sie werden die Kurve nicht mehr kriegen,
denn sie können sich nicht mehr verbiegen.
Es ist schade, denn sie waren gute Kerle,
aber das Schicksal machte aus keinen von ihnen eine gesell-
schaftliche Perle!

Wetten

Ich kann mich nicht auf Rosen betten.
Das Geld langt nicht, darum bin ich am wetten.

Ich hab aber lange nichts mehr gewonnen,
doch meine Hoffnung ist noch nicht zerronnen.

Ich setze auf 3 oder 4 sichere Spiele.
Ich bin in einer „Mühle"!

Es geht immer so weiter:
Kein Gewinn, doch ich zocke weiter!

Und beklage dann mein großes Pech.
Das Schicksal sei zu mir frech.

Irgendwann kommt schon eine Strähne.
Diese Leier hat eine ganz lange Mähne.

Ich höre niemals auf, denn heute klappt es,
das sagt mir mein Bauch!

Die Quoten tun mich verlocken,
darum muss ich weiter zocken!

Doch was tun bei einem Gewinn ?
Ein größerer (Wett)Schein und eine Flasche Gin!

Das Endspiel

Jetzt beginnen gleich die 90 Minuten,
die Fans sind seit Stunden schon am tuten.
Die Teams laufen auf das Feld.
Alle sind hochkonzentriert, denn es geht um viel Geld.

Endlich ist es angepfiffen.
und alle haben wohl begriffen:
Heute müssen sie alles geben!
Sie laufen um ihr Leben.

Wer schießt das erste Tor?
Ein Spieler fällt und hat ein rotes Ohr.
Die Fans grölen laut: Elfmeter!!
Doch kein Pfiff, der Schiri ist ein Miesepeter.

Die erste Halbzeit ist nun vorbei.
Keine Tore, dafür viel Geschrei.
Die Fans sind wild am diskutieren.
Wer wird heute wohl verlieren?

Dann kommen sie wieder aus den Kabinen.
Die Trainer sind am grienen,
denn beide haben einen Plan.
Mal sehen, welches Team ihn umsetzen kann.

Doch auch die zweite Halbzeit bleibt ohne Tor.
Ein Spieler einen Zahn verlor!

Ja es ist ein hartes Spiel,
doch noch ist keine Mannschaft am Ziel!

Die Verlängerung läuft und der Stürmer M schießt ein Tor.
Er schreit laut, ob er den Verstand verlor?
Jetzt sind es nur noch 5 Minuten
und das andere Team muss sich sputen.

Noch eine Ecke in der Nachspielzeit.
Kopfball von „S" und die Fanhorde schreit!
Es gibt jetzt Handelfmeter!
„S" schießt selbst, doch vorbei, es fehlte ein Meter.

Gleich ist das Spiel zu Ende.
Gibt es noch eine Wende?
Keiner glaubt mehr dran.
Doch was ist das? Ein Verzweiflungsschuss von dem Tor-
mann.

1:1!
Die Fans des anderen Teams wollten schon den Sieg begie-
ßen,
doch jetzt gibt es Elfmeterschießen!

Die ersten Schützen treffen.
Der nächste will den Torwart bluffen.
Täuscht links an und schießt in die Mitte
und trifft leider nur den Torwart im Schritte.

Dieser geht schmerzverzerrt zu Boden,
denn der Schuss traf seine Hoden!

5 Minuten Behandlungspause!
Hier im Stadion macht keiner die Sause.

Dann geht es endlich wieder weiter.
Noch ist keine Mannschaft heiter.

Alle Spieler *treffen* und als nächstes schießt der Torwart
mit den Schmerz im *Schritt*.
Er läuft an ‚spürt ein *Stechen* und gibt den Ball ein *Tritt*.

Doch leider viel zu schwach geschossen.
Sein Kontrahent hält den Ball und er denkt:
Was hab ich heute bloß verbrochen!

Er muss dann wieder zurück ins Tor
und hält den nächsten Schuss mit Bravour.
Der letzte Schütze trifft und das Siegerteam stürmt auf den
Torwart ein.
Dieser winkt ab und schreit: „Nein!"
Er zeigt auf seinen Körperschatz
                und denkt :
„Hoffentlich verlangt meine Frau heute Nacht keinen Ein-
satz!"

Das Duell

Wir sehen uns in die Augen
und keiner von uns ist am glauben
dieses Duell zu verlieren,
denn keiner will den anderen gratulieren.

Die Stirn ist von Falten verzogen.
Meine Position ist schlechter,
kriege ich das noch gebogen?

Und wieder einen Zug übersehen.
Soll ich aufgeben oder mich weiter quälen?
Der Schweiß strömt aus meinen Poren.
Ist das Spiel etwa schon verloren?

Da sehe ich eine letzte Chance.
Sieht er die Pointe nicht ist das Spiel wieder in der Balance

In seinen Gesicht erscheint ein arrogantes Lächeln
und er nimmt mein Opfer an, anstatt mein Zentrum aufzu-
brechen

Da auf einmal spielt er ganz schwach
und übersieht ein Zwischenschach.

Plötzlich fragt er : Remis?
Ich sage : Watt?
Und setze ihn in 4 Zügen Matt !

Zeitnot

Nur noch Sekunden auf meiner Uhr;
das ist für mich Stress pur.
Ich muss noch 7 oder 8 Züge machen.
Der Uli würde darüber nur lachen.

Werfe einen konzentrierten Blick aufs Brett.
Mein Gegner grinst mich an; das ist nicht nett.
Ich mache dann zwei, drei schnelle Züge.
Er gibt Schach, ich glaube ich lüge !

Diesen Zug habe ich übersehen!
Ich überlege und weitere 10 Sekunden vergehen.
Ich ziehe meinen Turm dazwischen.

Plötzlich hör ich es an meinen Ohr zischeln:
Kann ich bitte abkassieren?
Keine Reaktion von mir,denn ich will nicht verlieren
Mein Gegner zieht und die Kellnerin fragt erneut.
Das nervt und ich bin nicht erfreut.

Mache meinen Zug mit der rechten Hand
 und mit der linken gebe ich ihr ganz galant
einen Geldschein.
Sie sagt : Ich kann nicht wechseln,haben sie es nicht klein?

Ziehe ganz schnell und geschafft ist die Zeitkontrolle
Jetzt betrachte ich mir mal die „Olle".
Sie sieht gar nicht so schlecht aus!
Ich bin ihr nicht böse und hole aus meiner Jacke Kleingeld
raus.

Konzentriere mich wieder auf mein Ziel
und stelle fest :
Ich hab ein gewonnenes Endspiel!
Mein Gegner grinst auch gar nicht mehr,
er hat gespielt wie Flasche leer!

Er macht noch ein paar Züge und reicht mir die Hand.
Ich puste durch und bin jetzt wieder ganz entspannt.
Doch sollte ich mich hier nochmal in einer Partie quälen,
werde ich vorher das Geld für meine Zeche abzählen!

Das Leiden der Heiden

Es waren einmal zwei Heiden,.
die jammerten und waren am leiden.
Sie hatten zwar viel Moos,
doch sonst war mit ihnen nicht viel los.
Sie wussten beide ganz genau:
Wir sind hässlich und bekommen nie eine Frau.

Eines Tages ließen sie sich von zwei Christinnen bekehren
und dachten : Jetzt können wir uns mal entleeren!
Doch falsch gedacht!
Kein Sex vor der Hochzeitsnacht!
So willigten sie ihn die Heirat ein
und nach der Trauung durften sie bei den Christenfrauen
rein.

Das ist das Ende unser Leiden, jubilierten die beiden Hei-
den!
Doch einige Monate später ließen sich die Frauen wieder
scheiden!
So begann für unsere beiden Heiden wieder das alte Leiden.
Und von ihren Moos waren sie das meiste los.

Ein Reim

Monotonie, Blasphemie,Melancholie,Schizophrenie!

Pedanterie,Bigamie,Polygamie, Sodomie (Ihhhhh!)

Monogamie, Melanpenie, Leukopenie, Anarchie(klappt
doch nie!)

Oligarchie,Theologie, Philosophie,Manie,Aristokratie und
Bürokratie(Ich hasse Sie!!)

Anachronismus, Humanismus, Föderalismus ! Ich jetzt pin-
keln muss!

Logarithmus, Rhythmus, Kannibalismus,
Anglizismus, Rübenmus, Apfelmus und Lackmus!

Altertum, Herbarium, Solarium, Aquarium! Ich weiß nichts
und bleibe dumm!

Proton,Subtraktion, und die Angst vor der Injektion!

Leim, Keim, Schleim, das ist das Ende von den Reim!

Nach den Gedichten folgen drei Songtexte,einer davon stammt aus meinen ersten Buch (Entkotisierungsvorgang!)Es geht los mit einem kleinen:

Lovesong !

I love my Cassy and my Cassy loves me
Yes, I love my Cassy and my Cassy loves me!

She lick my Face, my hands and my ear.
I don`t care, she' s my dear!

I Love my Cassy and my Cassy loves me
Yes, I love my Cassy and my Cassy loves me

She loves it to walk with me on fields and in the wood
and to hunt the cats from the neighbourhood.

I love my Cassy and my Cassy loves me
Yes I love ny Cassy and my Cassy loves me
Yes I love ny Cassy and my Cassy loves me tooooooooo!

Cassy ist die Boxer/Bulloggenhündin meiner Mutter.

Müde Harzer

Die armen Harzer sind müde.
Sie arbeiten lange schon nicht mehr.
Sie haben ganz schwere Augenlider
und ihre Bierkisten sind meistens leer.

Die armen Harzer sind müde.
Sie arbeiten lange schon nicht mehr.
Sie haben ganz schwarze Lungenflügel
und ihre Aschenbecher sind niemals leer.

Die armen Harzer sind müde.
Sie schreiben Bewerbungen immer mehr.
Ihre Integrationsfachkräfte sind z.um Teil sehr rüde
und die Sanktionen werden immer mehr.

Die armen Harzer sind müde.
Die Selbstmordrate steigt mehr und mehr.
Denn ihre Aussichten sind trübe
und innerlich sind sie ausgebrannt und leer.

Und noch ein Songtext:

1. Der Gockel Konstantin hat fürs Krähen keinen Sinn.
Er will lieber im Hühnerstall bleiben und es mit den Hennen treiben.

Refrain:
Oh Weia, Oh Weia
Der Hahn hat dicke Eier
Oh Weia, Oh Weia
Der Hahn hat dicke Eiiiiier!

2. Der Gockel Konstantin lässt sich draußen nicht mehr blicken.
Er will lieber im Hühnerstall die Hennen ficken!

Refrain:
Oh Weia, Oh Weia
Der Hahn hat dicke Eier
Oh Weia, Oh Weia
Der Hahn hat dicke Eiiiiier

Einige Anmerkungen zu den Gedichten:

Hermann ist eine Bezeichnung für Heroin

Das Gedicht *Stromausfall* entstand nach einen fast einstündigen Stromausfall hier in meinen Viertel. Ich war zu dem Zeitpunkt gerade am Fußball schauen (Salzburg-Basel) und hatte mich geärgert, das ich das Spiel nicht zu Ende sehen konnte!

Anette in „*Filmriss*" und *Die Frau von der anderen Straßenseite* sind rein fiktiv, ebenso wie Lasse in „*Die Reise*"! Ich hatte in meinen Leben allerdings wirklich einige Gedächtnislücken und in puncto Beziehung einiges vermasselt, bzw. nicht wahrgenommen,was ich zum Teil sehr bereut habe!

Das Gedicht „**Das Leiden der Heiden**" entstand während eines Spazierganges mit Cassy (der Boxer//Bulldoggenhündin meiner Mutter), als ich auf den Boden Weidekätzchen liegen sah und mir der Gedanke kam: Weiden-Das Leiden der Weiden-auf denen Moos wächst, das Moos geht nicht los! Aber irgendwie kam ich nicht weiter und so entstand „**Das Leiden der Heiden**"! Auch das Gedicht „**Der Weiher**" entstand nach einem Spaziergang mit Cassy, überhaupt wirken die Spaziergänge mit den Hund sehr inspirierend auf mich!

Der Fuchs und der Pfau habe ich in den 70-ern als Fabel in einer Klassenarbeit geschrieben. Der Inhalt war ähnlich und beschreibt die Schwächen Eitelkeit und Hochmut und deren (in diesem Fall) tödlichen Folgen!

Das Gedicht *Die Maus* hat sich wirklich so ähnlich abge-spielt! Wir wohnten in den 70-ern in einer Wohnung,die an ein Grundstück grenzte, wo man gerade ein Haus abgerissen hatte und es sah dort ziemlich wüst aus. Ich vermute, das die Maus von diesem Grundstück kam!

Das Duell und **Zeitnot** handeln vom Schach(Ich habe bis vor einem Jahr noch aktiv im Verein gespielt!) Mit Uli in **Zeitnot** ist natürlich **nicht** der Uli aus Bayern gemeint, son-dern Uli S., ein mir bekannter Schachspieler, der in fast allen seinen Partien in heftiger Zeitnot war (2-3 Minuten für die letzten 20(!!) Züge)!

Bei dem Songtext **Müde Harzer** sind die ersten beiden Strophen typische Vorurteile von einigen Teilen der Gesell-schaft (und **nicht** meine Ansicht/Meinung!!), die nächsten beiden Strophen zeigen the other Side of the Coin! Ich hätte noch 10 weitere Zeilen schreiben können, möchte das The-ma aber auch nicht überstrapazieren!

Jörg Maaß

Inhaltsverzeichnis

Seite:

Widmung	**2**
Impressum	4
Vorwort	5-6
Der Weiher	7-9
Hundegedanken	9
Adler und Kormoran	10
Der Fuchs und der Pfau	11-12
Der Tausendfüßler	13
Grüne Katzenaugen	14
Katzengedanken	15-16
Die Maus	17
Blutsauger	18
Am See	19-20
Der Waran, der Fasan und die Fee	21
Mücke und Elefant	22
Was an einer Hecke passierte	23
Kater	24
Filmriss	25
Die Reise	26-28
Hermann	29
Spießer	30
Wer ist wohl gemeint?	31
Idealisten	32
Sinn des Lebens	33
Pforte zum Wahnsinn	34
Melancholie	35
Einsamkeit	36
Schlaflos	37-38
Die Frau von der anderen Straßenseite	39
Stress eines Tolpatsches	40-42
Stromausfall	43

Träume	44
Kampflos	45
Wetten	46
Das Endspiel	47-49
Das Duell	50
Zeitnot	51-52
Das Leiden der Heiden	53
Reim	54
Lovesong	55
Müde Harzer	56
Noch ein Songtext	57
Anmerkungen zu den Gedichten	58-59
Inhaltsverzeichnis	60-61
Nachwort und Dankeschön	62-53
Ein misslungenes Gedicht	64

Nachwort und Dankeschön

Die Arbeit zu diesem Buch war doch wesentlich anders als
beim ersten.. Denn bei „Entkotisierungsvorgang" habe ich
(wenn man mal die Satire + Songtexte weglässt) erlebte oder
mir zugetragene Geschichten erzählt! Okay, für diese die
passenden Wörter und Formulierungen etc. zu finden ist
auch leicht kreativ, aber bei weitem nicht so, als wenn du
Gedichte oder einen Roman (Zur Zeit arbeite ich gerade an
meinen ersten Roman, welcher, wenn alles gut geht und Gott
und oder wer auch immer will, 2015 fertig sein sollte. Laut
den Aussagen eines Bekannten , welchen ich die ersten 25
Seiten vorgelesen habe angeblich das beste was ich bisher
geschrieben habe.) schreibst. Bei den Gedichten ist es ja
nicht nur wichtig, das sie sich reimen, sondern sie müssen
auch einen Sinn ergeben, oder eine Art Geschichte erzählen..

Wenn ich mir jetzt zum Abschluss des Buches, die einzelnen
Gedichte noch einmal durchlese, so stelle ich fest, das sie
doch sehr unterschiedlich sind. Einige sind sehr lustig/hu-
morvoll wie z.B. der Adler und der Kormoran oder der Wei-
her(„ leichter Heinz Erhard Einfluss"), andere wiederum
sind schräg (Die Mücke und der Elefant; Der Waran,der Fa-
san und die Fee, Die Reise),und einige leicht philosophisch
angehaucht! Manche handeln auch von ernsteren Themen,
die aus dem Leben gegriffen sind , wie „Hermann",
„Kampflos", Einsamkeit. Zum Ende wieder einige Songtex-
te, einer davon ist aus meinen ersten Buch!.
Ich denke mir ist insgesamt ein gutes Buch gelungen, wel-
ches durch seine Vielseitigkeit nie langweilig ist.

*An dieser Stelle ein **kleiner Appell** an alle Harzer, Arbeitslo-
se und Menschen welche (durch z.B. Schicksalsschläge,
Krankheit etc.) die dunkle Seite des Lebens kennengelernt
haben:*

*Lasst euch nicht hängen! Sucht euch eine Beschäftigung, ein
Hobby, etwas was euch Spaß macht! Habt ZIELE und
TRÄUME und versucht diese zu verwirklichen, (allerdings
keine unrealistischen, die sich nicht verwirklichen lassen) !
Denn das Leben ist einmalig! Ein zweites kommt nicht und
man sollte versuchen das beste daraus zu machen. Es ist
einfach zu kostbar um nur nihilistisch von einen Tag zum
nächsten zu „leben"! Auch ich habe Phasen gehabt in de-
nen ich durchhing und leicht „kippelte, aber es geht immer
irgendwie weiter, wenn man es nur will!*

Zum Schluss möchte ich mich wieder bei allen bedanken,
die mir bei der Entstehung des Buches geholfen haben! Be-
sonders Thomas H. und Thomas C., welche sich fast alle
meiner Gedichte angehört haben und an der einen oder ande-
ren Stelle gute Verbesserungsvorschläge hatten. Ein beson-
deres Dankeschön an Frau G. und ihrer Tochter für die
„Korrekturlesung und natürlich an Hellen Thielemann, wel-
che wieder das Cover entworfen hat und das Comic zeichne-
te ! VIELEN DANK!!

Jörg Maaß

Ein misslungenes Gedicht

Ich bin ein Poet
und spiele auf meiner „Flöt"!
Ich schreibe Gedichte die sich reimen,
um mich bei Frauen "einzuschleimen"!
Wenn sie dann begeistert klatschen
 und mit ihren Köpfen nicken,
kann ich Sie.... zum Eis einladen!

(Mir viel trotz intensiven Nachdenkens kein Wort ein, das
sich auf nicken reimt! Für Vorschläge bin ich dankbar, sen-
det sie an: mjrgarne„Ed"yahoo.com! Ihr könnt mir dann
auch schreiben wie euch das Buch gefallen hat, bzw.
gefällt!)